天下文化 豐富閱讀世界

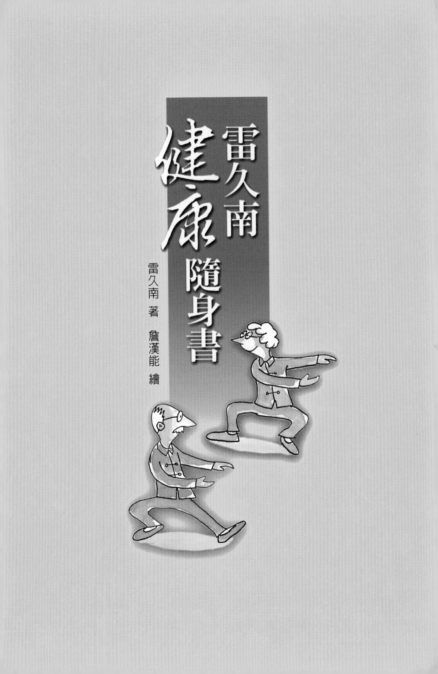

雷久南 著　詹漢能 繪

願人人都健康　　　邱麗惠

一九九四年，我第一次參加雷久南博士於美國加州舉辦的研習營，馬上被她強烈的慈悲心所感動；而原來患有嚴重痛風的我，以自然的方法康復後，更深刻地體會到：以正確的方法，啓動人體自我康復的本能，是使個人痛苦最少，社會成本也最低的最佳選擇。所以，我毅然放下一切，進入琉璃光當一粒小小種子，希望將雷久南博士的觀念擴大宣揚，幫助更多需要幫助的人。

雷博士一九八八年在台灣高雄演講時，就已經提出了身、心、靈整體健康的觀念，這些年來，她更是持續地觀察因社會、環境、科技的變遷，而引發不利健康的因子，

並針對這些問題，廣泛地搜集資料，進行研究與實驗，試圖找出各種對治方法。

她在美國專門研究癌症的德州安德森醫院，以研究腫瘤十年的經驗，提出了「癌症不是絕症」的突破性觀念；也提醒世人小心加工食品、精製食品、不適當炊具、肉類的攝取……等，對身體健康產生不利的影響。此外，她還不斷提出各種預防與改善的方法，從早年發表過的小麥草、葉綠素的防癌功能，鉀、鈉與癌的發展關係……等相關報告；以及生食有機新鮮蔬果，帶麩的穀物的營養價值，有機農業對人類與環境的重要性。近幾年來，這些觀念不斷在世界各地傳播，引起愈來愈多人的認同與推廣，也在台灣掀起一股流行的風潮。

《雷久南健康隨身書》一書，是雷博士將三十年來的研究、教學、實踐心得，做成有

系統、簡明扼要的介紹，這些心血結晶，對
於追求以自然方法啓動自我康健的人而言，
是一本最佳的導航書。這幾年來，她在世界
各地，馬不停蹄地舉辦演講、研習營、出版
錄音帶、書籍幫助了無以計數的人，也引起
廣大的迴響。我衷心祝福她內心最深處的願
望——希望每個生命都能健康、快樂——能
早日實現。

（本文作者為琉璃光養生世界雜誌發行人）

Healthy

第一步。

大掃除

（一）身心自覺症狀：

頭痛、頭昏、昏沈、記憶力減退、容易疲倦、經常傷風感冒、咳嗽、視覺聽覺減退、反應遲鈍、呼吸困難、血壓高或低、皮膚紅疹、血糖高或低、腸胃不好、胃漲氣、便祕、瀉肚、口

臭、體臭、身體任何部分痛、情緒煩燥不安、焦慮、恐懼、睡眠不好、意識不能集中、頻尿、生病。

　　以上的症狀來自於身心累積垃圾所引起或氣場上的干擾。首先要認識垃圾的來源，隔絕垃圾的來源，再一舉大清掃身心儲存的垃圾，進一步調整生活步調，改善身心健康。

（二）認識垃圾的來源

1．吃喝過多的垃圾

過量的高脂肪、動物性的食物，如雞、鴨、魚肉、海鮮；高糖精製的食物，如糕點糖果；以及白米白麵製品，這些食物在體內產生酸性反應，引發酸性中毒，尿酸過多引起的痛風是一例。酸性食物最多不超過百分之二

人體吃喝過量高脂肪、動物性的食物，
容易引發酸性中毒

動物性食物是農藥殘毒、化學污染⋯⋯的主要來源

十，如穀類（小米除外）、動物性食物、糖類。

　　動物性食物是農藥殘毒、化學污染、抗生素殘毒、人造生長激素殘毒、基因改造病毒基因的主要來源。

　　其他垃圾來自罐頭食品、鹽、油炸食物、防腐劑、色素、人工香料和其他化學添加物。

2.呼吸進去的垃圾

灰塵、汽車廢氣、一氧化碳、農業工業污染及室內污染,如清潔劑、漂白劑、消毒劑、芳香劑、驅除白螞蟻等殺蟲劑。電器、電腦所產生

的臭氧和化學污染。

　　３．電磁場、靜電、大哥大、微波等的干擾來自電器，如電視、電腦、電爐、微波爐、高壓和高交流電線、電台和大哥大微波轉送站。

　　４．情緒的垃圾

　　驚嚇、胎內和幼年時期的創傷，特別是冷落、批評、忽視、手術的恐慌擔憂、失去的悲傷、不滿、憤恨、自卑等等麻醉藥的後遺症。

（一）蔬菜水果是最好的清潔劑

　　新鮮蔬菜汁和水果汁能快速地清洗排除體內過多的酸性殘毒，補充礦物質和維他命。以下是一些代表性的蔬果汁介紹，市面上可買到各種榨汁機，請選擇耐用及榨汁效果好的。

　　● 紅蘿蔔汁：肥沃且沒有農藥污染的土壤，種出來的紅蘿蔔甜美清香，如有怪味就不要買來榨汁。紅蘿蔔汁含有豐富的鈣和其他礦物

補充流汗過多
流失的鈉...

質,與維他命A的一種 β－胡蘿蔔素對防癌有益。依個人需要喜愛可加少許甜菜根,和其他綠色菜類一起榨汁,早上或中午時可加一片薑,一天喝一兩杯,最多可至四杯。

● 芹菜汁:含有豐富的自然鈉,在天氣炎熱時能補充因出汗過多而流失的鈉,因此也有調節體溫的作用。長期吃精製米、麥、糖類食品會使體內血管積存鈣,引起各種結石和關節、風濕之類的毛病,芹菜汁能溶解這些過剩的鈣排出體

外，也對高血壓、肺部有益。

　● 綠色葉類汁：任何沒有怪味的綠葉菜都是榨汁的好材料，對肝、肺、心臟和糖尿病都有幫助。蒲公英、菊苣、萵苣，和一些有苦味的菜，對肝尤其好。深綠色的菜，如菠菜、西洋香

菜都是好材料，不習慣
喝綠汁的，可加甘蔗汁或
甜味果汁調配。

　　這些汁如加入一粒維
他命C，在室溫下可保存
一天不壞。

　　水果或果汁最好是單
獨吃，至少離飯前三十分
鐘。特別是瓜類水果，如
香瓜、西瓜、哈蜜瓜等，
甜性水果和酸性水果避免
同時吃。酸性水果清掃功
能較強，甜性水果滋補功
效較多。

水果也要選新鮮當季本地生產的。酸性水果進入體內，對血液的作用是鹼性的，動物性和糖類食物，對血液的作用是酸性的。一般人長期吃動物性的食物和精製澱粉糖類，血液都偏酸，因此果汁和蔬菜汁有平衡作用。

　　新鮮橙汁或橘子汁可加一半溫水喝，有清痰的特效。痰多時，可選擇一天，每半小時到一小時喝一杯調稀的橙汁，必須要確定橙子或橘子是有機的。

　　●新鮮檸檬汁：一顆檸檬榨汁加一杯溫水。早上起床喝一杯有清腎排便的功效，如有腎結石

或是膀胱結石，可以一天喝到十二顆檸檬榨的汁（可分十二次喝），連續五天。化解的石頭從尿道排出，像細沙，這段時間飲食宜清淡。

（二）高鉀湯：

人體內最多的礦物質是鉀，在人體內比例應該是鈉的四到五倍。但一般人實際吃進去的鈉

反而是鉀的兩倍，主要因為鹽是所有加工食品的
添加物，只有植物濃縮鉀，特別是果實部分，如
瓜類、果類、穀類等。高鉀
湯能夠補充身體內
鉀的需求，對於
壓力、傷風感
冒、癌症、高血
壓、糖尿病、提
升免疫力等都

有幫助。所有的細胞都需要鉀才能運作。

材料：各種當季的瓜類，如南瓜、冬瓜、義大利瓜、毛瓜、黃瓜。

西方南瓜類，如冬南瓜（butternut squash）、橡實形南瓜（acorn squash）。再加上根類，如地瓜、甜菜根。薏仁小米、紅棗等和深綠色的葉，如芥蘭、羽衣甘藍（collard）等。

鍋中加水蓋過菜，先用大火將水煮滾，再將火關小，用文火煮三十分鐘。飲用時只喝清湯，可加水再煮一次。

(三) 高能量湯（高礦物質湯）

　　自然農耕種出來的蔬菜穀類含有豐富的礦物質和各種微量元素，具有滋養修補的作用。這些

材料煮湯可代茶喝，飯前一碗也有開胃暖胃的作用，對於疾病的預防和治療都有益。

基本材料：

根類的菜，如甜菜根、番薯、紅蘿蔔、牛蒡、防風草根（parship）等等切片或切塊；再加深色的菜，如芥蘭；其他菜的老硬部分（綠花菜的皮）；少許薏仁、大麥或小米；少許豆類，如黑豆、紅豆、四季豆或瓜類。

加水剛蓋過材料，慢火或電鍋煮一小時。
取清湯飲用，可煮兩次。

　　其他添加材料：任憑個人喜愛，可以加入
中草藥，如黃芪、黨參、西洋參補氣，或者小茴
香、茴香、月桂樹葉、百里香、葫蘆巴荳
（fenugreek）等。

（四）小麥、大麥草汁

新鮮的小麥或大麥草汁屬綠汁的一種，在買不到無農藥的新鮮蔬菜的情況下是很好的補充品。綠草汁含有人體所需各種養分和最高品質的蛋白質。對化學污染和放射性污染都有排毒作用。在目前環境極度污染的情況下，是一個很好的補充品。如能自己種最好，再則購買一盤栽種好的，應急時可買乾的粉末。

在自己家裡，也可以種植小麥草來榨汁

　　栽種方法：選有機的小麥泡水過夜。第二天將水倒掉，放在大碗中加盤子蓋好，放兩天催芽。準備五至八公分高盤子，裡面放土，留一條空間讓過剩的水流出。土壤保持濕度，將麥芽鋪在土的上層，再用濕布蓋好，放在陰暗處幾天。等苗長高幾吋時，拿開濕布，放在室內陰涼處，

避免陽光直曬。每天澆水到小麥草約有十八公分高即可收割。從根部以上剪割。

選用速度較慢的壓榨小麥草汁機器，若沒有機器，也可直接靠牙齒咀嚼，將渣吐出。一天一兩湯匙，最多四分之一杯（六十西西左右）。

如有想吐的感覺，表
示一次喝得太多，排
毒反應較強。最好在
兩餐之間或空腹時

小麥草汁外敷有消炎的作用

喝，也可用一點檸檬汁稀釋。晚上六點之後就不
要飲用，以免精力過剩，難以入眠。

　　小麥草汁外敷有消炎作用，洗眼睛也可以
減輕白內障，每天洗一到兩次，曾有人試過，六

個月就去除了
白內障。

　　小麥草汁
壓汁後要儘速
使用。

（五）友善細菌的補充

　　人體內平常有四百多種細菌，有些是友善的，幫助消化排泄；有些是腐化的，會引起疾病的病菌。當友善細菌占多數時，病菌無法起作用。友善細菌靠植物性的食物滋長，腐化細菌則靠肉類魚蝦滋長。因此攝取植物性的食物，能維持足夠的友善細菌，幫助消化排泄和提高免疫功

能，是抵抗外來侵犯病菌的第一道防線。

當水源、空氣和食物污染時，更需補充體內友善細菌，因為友善細菌有解除污染的作用，而現在我們體內的友善細菌已被農藥、防腐劑和污染殺死，一般人體內數量已減少很多。

友善細菌的來源除了平常多攝取新鮮蔬果，最佳的補充來源是自然發酵的食物，如：泡菜、味噌、酸奶、天山雪蓮和特別友善細菌補充品。

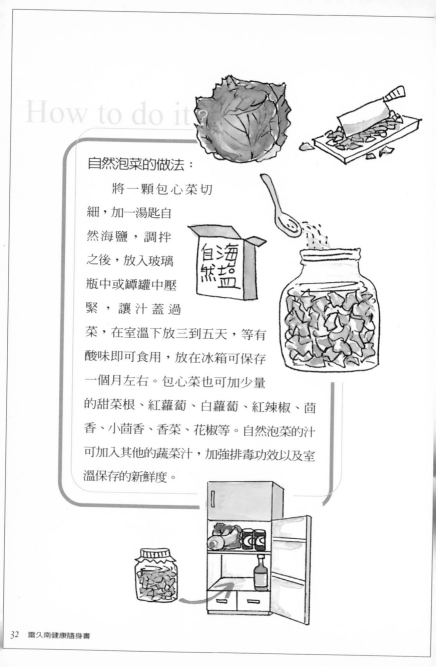

自然泡菜的做法：

　　　將一顆包心菜切細，加一湯匙自然海鹽，調拌之後，放入玻璃瓶中或罈罐中壓緊，讓汁蓋過菜，在室溫下放三到五天，等有酸味即可食用，放在冰箱可保存一個月左右。包心菜也可加少量的甜菜根、紅蘿蔔、白蘿蔔、紅辣椒、茴香、小茴香、香菜、花椒等。自然泡菜的汁可加入其他的蔬菜汁，加強排毒功效以及室溫保存的新鮮度。

（六）酵素的補充

酵素是消化的催化劑，超過攝氏六十度（華氏一百四十度）即被破壞。長期只吃煮熟的食物時腸胃會缺酵素。

新鮮蔬果和芽菜都含有豐富的酵素，自然發酵的食物如泡菜、回春水，也同樣含有豐富的酵素。回春水的

回春水可恢復腸內健康，也可補充人體所缺的營養

營養成分除了小麥本身已有的，如維他命E，還有維他命C、加倍的維他命B群（B12在內）和酵素。現代人雖吃的量多，但健康情況很差，要恢復腸內的健康，回春水可提供一個捷徑，也可補充所缺的營養。

回春水的味道應說是清甜，也許偶而有點酸，但絕對沒有臭味，如果小麥本身有問題，如放射處理過或水有污染，則不會自然發酵，反而會腐化，這種情形下，只能做肥料，另換小麥或買過濾水、泉水等，重新再試。

在室溫放置二十四小時所做出來的回春水最理想

回春水的做法：

　　挑選有機的小麥，洗淨後加水泡八小時。將水倒掉，放在碗中用盤子蓋好，催芽兩天。將小麥芽放在玻璃瓶中，加兩倍的水（一杯小麥芽加兩杯水），放在室溫二十四小時（攝氏二十五度），天氣熱的時候，時間縮短為八至十二小時，取出水飲用，剩的可放冰箱。小麥芽補加同等分量的水，再等二十四小時可第二次飲用，可再重複第三次。室溫太高或太低做回春水都不理想。一天可喝一至四杯，代替水。

（七）出汗

　　出汗是排除體內污染的一個有效管道，尤其是化學污染像農藥、塑膠原料所釋放的毒素和各種工業污染。這些污染可儲存在脂肪中十年、二十年甚至三十年。

　　藉由運動、三溫暖、蒸氣澡或熱水澡出汗，出汗後要補充水分和乾淨的油脂，如冷壓橄欖油或其他有機油類，一天一湯匙左

右，飲食以無污染的有機蔬果穀類為主。

（八）運動

在空氣清新的環境中，特別是樹木多的地
方運動，是促進全身血液、腎臟、肺部、大腸等

在空氣清新、特別是樹木多的地方運動，可以
促進身心的排毒

排毒的有效方法。打球、散步都是輕鬆愉快的運動。每天至少運動到心臟跳動加速、呼吸加深。二十分鐘運動能同時排除情緒精神壓力和體內積存的靜電。

(九) 練功

　　身體的能量提高，自然會排出低能量的污

染，不僅是固體和液體的垃圾，還有污濁的氣。
練功能快速地提高能量。

氣功種類很多，分動靜兩種或動靜相兼
的，可依個人興趣
和學習機會去練。
現介紹兩種簡單的
功法：

　　1．拍手功

　　就如功法的名
稱，拍手即可。手
掌的氣通全身，藉
著拍手可以促進全
身氣的循環，實心
拍掌聲音大，功效

睡前可做五台山八步功

強。如怕吵到身旁的人，則可空心掌拍，或將手掌分開不同部分拍，手指拍手指，掌側拍掌側等等。一天五分鐘以上可以保健身體，如要治病則需十分鐘、二十分鐘、三十分鐘不等。排毒反應會使手掌出現不同的顏色、乾裂等，身體也可能排出異味。

２．五台山八步功

五台山八步功從頭做到腳，全身調理，最

後的擦腳是重點，與拍手正好互相搭配。一般在睡前做，早上也可以做，只要略去泡腳一項。

　　方法：先準備一盆或一桶熱水，可加入少許海鹽，腳放進熱水蓋過腳踝。

　　第一步　以十指梳頭五十次（圖一）。

（一）

（二）

第二步　以手掌摸頭五十次（圖二）。

第三步：以手掌摸後腦一百次（圖三）。

第四步：以手掌擦耳朵五十次（圖四）。

（三）

（四）

（五）

第五步：以手掌擦太陽穴五十次（圖五）。

第六步：以手掌擦臉五十次（圖六）。

第七步：以手掌擦後腰五十

次（圖七）。

（六）

（七）

（八）

第八步：腳從熱水抽出，自然乾（圖八）。

手掌擦腳底，以「男左女右」先後次序，各一千五百次（大約十五分鐘左右），如果時間有限，至少五百次（圖九）。

（九）

　　未曾紓解的負面情緒,特別是:驚嚇、在
胎中被父親或母親排斥、不被歡迎、手術、車禍
等重大傷害,對身心都會產生極深的後遺症。在

個性上可能造成喜歡支使他人、過動、情緒低落、自殺或自我傷害、健忘、注意力不能集中，甚至於精神病。這些創傷雖經二、三十年仍積存在氣體和後腦根，干擾身體的基本功能。如：心臟的跳動、呼吸和免疫功能。幼年受創傷的人，尤其是被冷落或不斷地被責難、批評，得各種慢性病的

機率高於一般。紓解積存的情緒和創傷，對預防
疾病保健和康復都重要。

一些有效的方法

（一）眼睛轉動

眼睛的神經系統是全身主要的神經系統，
也與情感體或是星芒體有最密切的關係，對於紓

解壓力有奇效。眼睛轉動來自Jack Schwartz所介紹。

眼睛轉動可以紓解情緒

當產生負面情緒，如：忿怒、悲傷、焦慮，或是想到引發負面情緒的人或經歷，可以同時將眼球向右（順時鐘）轉三次，再向左轉（逆時鐘）轉多次，直到情緒得到紓解。每晚睡前可用此法紓解一天的情緒。

另一方法來自某位心理醫師無意間的發現，是將眼睛來回左右轉動，激動時可用來紓解情緒。

(二)鹽水澡

　　鹽水有清洗「氣場」的作用。經常接觸病人或心情不好的人,氣場會受到污染,可泡個鹽水澡,用自然海鹽或礦鹽都可以。用一杯左右的鹽溶入澡盆水中,泡十五分鐘,注意水的溫度不

要太高。遇到情緒波動很大時也可如法泡澡。蘋果醋也有相似的效果，一杯蘋果醋加入一澡盆水中即可。

(三)藍光

太陽光彩能調解情緒，開啓潛能，晴天藍
空和陰天灰暗對我們心情的影響也不同。天空的
藍色有「放下」的作用，也是無條件的愛心，有

排除負面情緒的功效，也可化解人際關係的不合。

觀想藍色光彩的方法是：看著藍天，再閉上眼睛回憶藍天，利用風景圖片或藍色寶石也可以。住在都市中的人所看到的藍空帶有灰色，不是大自然中的藍空。

進一步觀想是將藍色光彩吸進全身的神經系統，從頭到腳，讓自己每一個細胞都充滿了藍光，想清除煩惱事情、記憶或人時，邊回憶邊觀想藍光。每次幾分鐘就夠了。

（四）輕拍

　　最激動的情感往往積存在後腦根，因此記不得。胎中、出生和幼年的創傷驚嚇也記不得。可由調氣和輕拍的方式紓解，因為觸覺是通右腦

後根的。從腳底、腿、身到頭部，每一部分都輕輕地拍，注意力放在身體的感受。身體有反應時，如：發抖或影像出現，讓它自然來去，不用刻意壓抑。情緒太激動時，再利用眼睛左右轉動的方法紓解。

（五）呼吸

呼吸因由右腦後根主宰，積壓的負面情緒會干擾呼吸，經由調整呼吸同樣地能紓解情緒。

蹩氣是情緒積壓的反應。初步練

最激動的情感往往積存在右腦後根

習深呼吸時，可由躺著開始，將幾本書放在小腹上，吸氣時將小腹鼓出（圖一），吐氣時小腹放鬆讓書壓下去（圖二）。待學會吸氣、吐氣自然綿長的深呼吸時，就不需要再將書本壓在小腹。從躺著練，一直到習慣坐

（一）

（二）

著、站著、走路都用自然深呼吸，情緒也比較不緊張。感覺緊張煩燥時，提醒自己深呼吸五分鐘，即會放鬆。

（六）調氣

情緒、心念和外在環境的電磁波、化學污染會干擾我們，降低能量。光輪是能量的「變壓器」，調氣是將觀想配合呼吸來開啟疏導光輪，對紓解情緒和清除麻醉藥都有幫助。

（一）　　　　　（二）

　　1. 腳底：觀想吸氣時，氣從左腳底進，橫過後腰，右腿下，右腳底吐氣。重複做十次（圖一）。

　　2. 腳底：觀想吸氣時，氣從兩腳底上來，到心口，吐氣時順著原路下去，從腳底吐氣。重複十次（圖二）。

人體觀想部位圖

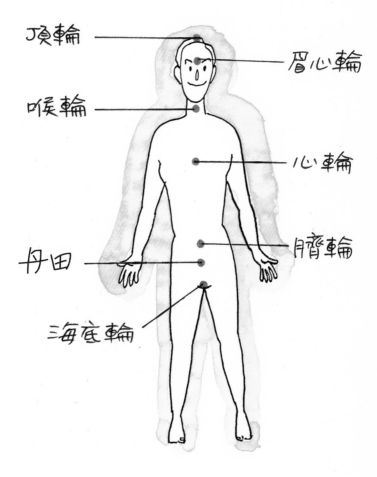

頂輪

眉心輪

喉輪

心輪

臍輪

丹田

海底輪

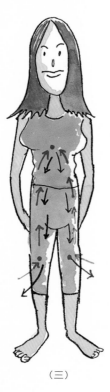

（三）

3. 膝蓋：吸氣
時從膝蓋進來，到
心口，吐氣時從膝
蓋出去，重複十次
（圖三）。

4. 海底輪：吸
氣時從會陰穴（肛
門和尿道之間）進
來，到心口，吐氣
時從會陰穴出。重
複十次（圖四）。

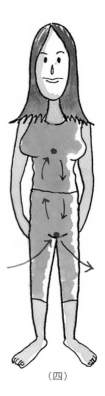

（四）

5．丹田吸氣時從小腹進，到心口，吐氣時從心口下去，小腹出。重複十次（圖五）。

　　6．臍輪：吸氣時從肚臍稍上的地方吸，到心口，吐氣時從臍輪出。重複十次（圖六）。

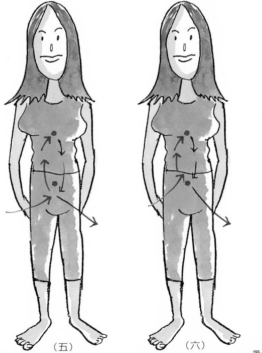

（五）　　　　　　（六）

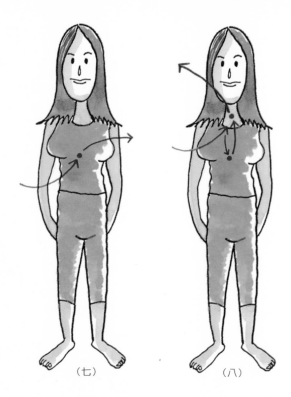

(七)　　　　　　　　(八)

　　7.　心輪：吸氣時從心口吸，吐氣時從心口
吐。重複十次（圖七）。

　　8.　喉輪：吸氣時從胸顎骨凹處吸，到心
口，吐氣時從喉輪吐出。重複十次（圖八）。

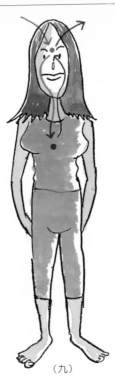

（九）

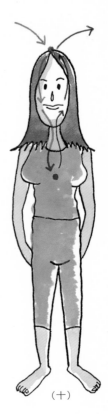

（十）

9. 天目穴：吸氣時從兩眉之間吸，到心口，吐氣時從天目穴吐出。重複十次（圖九）。

10. 頂輪：吸氣時從頭頂吸進，到心口，吐氣時從頭頂吐出。重複十次（圖十）。

(十一)

(十二)

11. 吸氣時腳底和經過的光輪都吸氣，
吐氣從頭頂吐出。重複三次（圖十一）。

12. 吸氣從腳底和頂輪一起吸，到心
口，吐氣時從兩頭一起吐（圖十二）。

如想排除常有的感受，調氣完之後藉由回憶感受，回到感受的源頭。此時注意身體的感受，讓身體所要紓解的自然紓解，有時會有影像出現。

（七）清除麻醉藥的殘毒

　　麻醉藥的後遺症有兩種，一是藥物的殘毒積留在體內和氣體中，一是手術或拔牙的驚嚇。造成的影響是背痛、手術部分隱痛、不靈活、肢體沒有知覺、呼吸不順

清除麻醉藥需要助手協助一起做。兩人做完調氣的觀想後，患者躺下，由助手用右手掌對著肚臍上方兩吋處左右拉動幾下

暢，心跳不規律和免疫功能降低等。清除麻醉藥的方法是先做調氣，需要一個助手協助一起做。兩人做完調氣的觀想後，患者躺下，助手用右手掌對著肚臍上方兩吋處左右拉動幾下，如能感覺到麻刺則表示距離剛好，不然也許拉高一點。清除後用力拉開手，將濁氣丟到鹽水桶，再將手放進鹽水桶洗一下。

重複以上的動作幾次後，直到手掌在小腹上方沒有麻刺的感覺時即是清除完成。

Healthy

第二步。

健康生活的安排

　　飲食自然清淨是養生的原則。選擇沒有農藥污染、自然有機農耕方式耕種出的植物，根、莖、葉、果、種子、花都要吃到。海菜類和各種顏色的蔬果也要吃到。可補充少許的油類，如：橄欖油、芝麻油、葵瓜子油、椰子油，冷壓或壓榨出來的最好，避免化學提煉出的油。儘量選本地本季生產的食物。

冷壓或壓榨出來的油最好，避免化學提煉出的油

　　根類食物：紅蘿蔔、甜菜根、牛蒡、白蘿蔔、百合、番薯、蓮藕、淮山、參類……等。

　　莖類食物：大頭菜、芹菜、蘆筍、筍、荸薺、木賊草……等。

紅蘿蔔
生吃、榨汁兩相宜

根類食物　　　　　　　　莖類食物

　　葉類食物：菠菜、包心菜、生菜、青菜、
黃芽白……等等。

　　花類食物：綠花菜、白花菜、金針花、瓜
花、菊花、玫瑰、桂花……等等。

　　果類食物：各種瓜類、豆類、甜椒、辣

果類食物

椒、玉米、茄子、番茄、枸杞、各種水果。

種子食物：各種穀類，如：米、麥、小米、薏仁、裸麥、大麥、蕎麥和芝麻、葵瓜子、核果；香料如：茴香、花椒、胡椒、荳蔻⋯⋯等。

小米煮粥令人垂涎三尺!

小米

自然調味品：

酸：檸檬、自然醋，如蘋果醋、米醋等。

甜：甘蔗汁、黑糖、糖蜜、麥芽糖、甜棗、楓糖漿等。

鹹：味噌、海帶、海藻、自然太陽曬乾的海鹽、無加鹽醬油、自然發酵醬油等。

檸檬和糖蜜都是很好的自然調味品

　　辛：香料，如：薑、蔥、茴香、小茴香、
大茴香、八角、胡椒、花椒等。

　　辣：各種辣椒。

　　苦：苦瓜、葫蘆巴豆、蒲公英等。

食物搭配表

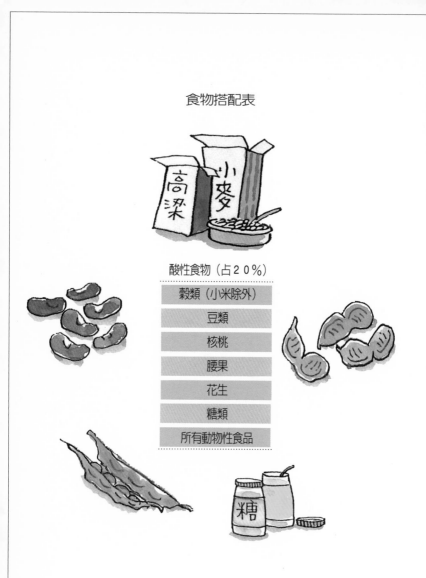

酸性食物（占２０％）

穀類（小米除外）
豆類
核桃
腰果
花生
糖類
所有動物性食品

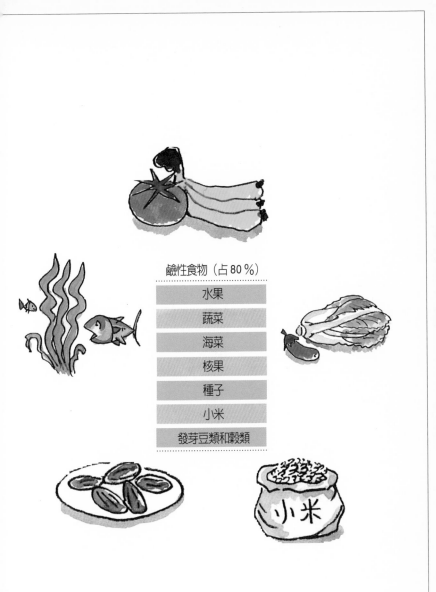

鹼性食物（占 80 ％）

水果
蔬菜
海菜
核果
種子
小米
發芽豆類和穀類

小米

食物的相和相剋表

I　←　相和　→	II　←　相和　→	III
高蛋白質	**中性**	**澱粉類**
一動物性食品	一核果（花生除外）	一穀類
一蛋類	一油類	一洋芋
一奶類（不可與	一奶油	**甜水果類**
肉類同餐）	一蔬菜類	一香蕉（熟）
水果類	一葡萄乾	一甜棗
豆類	一蜂蜜	一無花果
	一小麥胚芽	一葡萄（甜）
	一麥麩	一木瓜（熟）
		一梨（甜）
		牛奶與酸奶
		紅糖
I ←————————— 相剋 —————————→ III

（擇自於Dr.William Howard Hay，一八六六～
一九四〇研究心得）

【說明】食物原則上分三類

●高蛋白質（Ⅰ）、中性（Ⅱ）和澱粉類（Ⅲ）。

●Ⅰ和Ⅱ，Ⅱ和Ⅲ都可以搭配。

●Ⅰ和Ⅲ相剋。

●奶類例外。

●水果類中的甜水果也是例外。

以下是三餐的建議

中午以前腸胃消化能力強，含蛋白質高的食物最好在中午以前吃。晚餐則簡便。

早餐：五穀類所煮的粥類，如：小米粥、麥片粥、糙米粥、大麥粥、菜湯、麥片乾、自然發酵的饅頭和麵包。水果、精力湯、甜性水果可和穀類一起吃，但酸性水果和瓜類一定要單獨

早餐可吃五穀類所煮的粥類，但不要搭配肉、蛋

吃。夏天的早餐可以水果為主，如一個木瓜或幾根香蕉就是很好的早餐。

　　煮粥的穀類先泡水八小時，較容易煮，小麥或裸麥還可催芽一兩天再煮粥。

紅豆　　糯米

粥的建議

● 紅豆糯米粥（四人份）

紅豆、糯米各半杯，泡水八小時，加五杯水，小火煮一小時，或用電鍋熬煮亦可。也可以加入黃芪、西洋參補氣。

● 麥片粥（四人份）

杏仁十粒，泡水八小時，將水倒掉，麥

麥片粥

片、杏仁、甜棗、枸杞加適量的水，煮五至十分
鐘即可。

● 糙米番薯粥

糙米先泡水八小時，加五倍的水和番薯、
薑絲一起煮。

● 糙米加海帶、菜類、香菇，可煮菜粥。

糙米番薯粥

精力湯的做法

主要材料：各種綠色的芽菜，如：葵瓜子芽、蕎麥芽、綠豆芽和綠葉，少許海帶或海菜，一湯匙葵瓜子或芝麻，半個鱷梨。

配料：木瓜、蘋果汁、西瓜或味噌湯、菜湯（選一樣）

做法：先將水果、果汁或湯汁放入果汁機，加入其他材料（鱷梨最後放）一起打碎，加上鱷梨打碎即可。

精力湯補充新鮮胺基酸、酵素、各種維他命和熱量，除了早晨，其他時間需要能量時，都可以食用。

綠豆芽

中餐的建議

　　穀類選一兩樣，米麥不適合同餐，但米類可以同餐，麥類也可以同餐，菜類選幾樣，芝麻或核果一兩樣。海菜類一星期幾次，豆類一星期幾次，高能量湯一碗。水果餐前三十分鐘吃，菜

生熟都有，新鮮的蔬菜汁，如：紅蘿蔔汁加綠色菜汁，是很好的營養補充品。

晚餐的建議

與中餐相似，量和種類都少一點。晚餐最好在睡前三小時進食，不要吃得太飽，有興奮作用的香料如薑，則需避免食用。

生食蔬菜的調配

只要是沒有怪味或毒性的蔬菜根類，

挑選沒有怪味、毒性的新鮮蔬菜

都可生食。根類如紅蘿蔔、蓮藕、牛蒡，切絲涼
拌。莖類如芹菜，葉類如菠菜、西生菜、黃芽
白、包心菜、芽菜，加上芝麻、葵瓜子都是最好

的材料。做沙拉時洗淨的蔬菜要將水完全瀝乾，可用乾淨的毛巾或瀝水的器具。調味可用麻油、味噌、檸檬汁和橄欖油。

生菜沙拉

麻油　味噌　檸檬汁　橄欖油

改變飲食的一些建議

　　改變飲食好比是戒菸一樣，必須下定決心而且依照方法，並要了解到口味的貪愛是習慣，一旦習慣改了之後，就能吃出食物的原味而心滿意足。

　　首先必須增加新鮮蔬果和五穀的食用，每餐加一些涼拌的菜，改吃一部分糙米或全麥餅之類。在燒煮上儘量避免油炸的煮菜方式。高糖高脂肪的食物，如冰淇淋、汽水……等，要大幅度

減少攝取量。

依原來的習慣做一些調整，每餐必有魚肉者減為一天一次，每天一次的減為一星期幾次，一星期中選擇一餐全部食用水果餐或蔬菜餐，讓腸胃能夠休息。

魚類肉類的攝取應減量

對鹽過於依賴的人，可刻意一星期到十天不加鹽，當過剩的鹽從體內和舌神經排出後，舌頭的敏感度會增加，就可以吃出食物的原味。

改變飲食的過程中會有排毒現象，大便次數增加，皮膚也許會起紅疹、水泡，或有感冒、頭昏、流鼻涕的症狀，以及疲倦的感覺。這些都是身體排

身體毒素排除後，精神會更好

生活在空氣污染的地方，特別需要補充維他命C，早上或
中午左右補充較佳，晚上則不宜攝取

除毒素的現象，過一段時間就好，精神會比以前
更好。

特別補充品的介紹

當今化學電磁波污染嚴重，有時需要補充
一些特別食物、維他命和草藥等。

維他命C：生活在空氣污染的地方，一天
需補充一、兩公克，但需於早上或中午左右補

充，攝取時間過晚，到了晚上反而頭腦清醒難以入睡。維他命Ｃ對一氧化碳中毒有幫助。

維他命Ｂ群：滋補神經系統和腎上腺。污染一般都過分刺激神經系統，造成神經緊張，維他命Ｂ群有放鬆的作用。芽菜類、回春水、酵母，都含有豐富的維他命Ｂ群。

螺旋藻：含有豐富的蛋白質、維他命、葉綠素，是很好的營養補充品，有排放射性污染的作用，對呼吸系統有特別的好處。

皮膚排毒

平衡血液酸鹼

促進肝功能

海帶湯

　　海帶或海帶粉：海帶有排除重金屬和放射性污染的效用。平常可多吃海帶，或將海帶湯當茶喝（不加鹽或調味品），以海帶泡澡也可以促進皮膚排毒，平衡血液酸鹼和促進肝功能。要泡澡時，先將海帶湯倒入澡盆，泡三十分鐘，如果用海帶粉，用量是四分之一杯。

海帶粉調水可清洗皮膚和頭髮，橘子皮、檸檬皮（沒有噴農藥的）促進胃功能和胃液的分泌。化學污染傷胃，影響消化，橘子皮、檸檬皮幫助恢復胃液的分泌。可切細加在沙拉裡或泡茶喝，平常水瓶內加一些橘子皮或檸檬皮也很好。海帶粉和橘子皮搭配泡茶很好，四杯水加一湯匙海帶粉和一個橘子的皮煮泡即可。需要補氣時可加黃芪、西洋參少量。

　　頭和神經系統：根部如紅蘿蔔能滋養頭部。洋芋不是根而是塊莖，食用過多會使思想過於物質主義。銀杏和迷迭香葉有助於記憶。

胸部（肺、呼吸、心臟）：葉和莖如生菜、菠菜、芹菜、蒲公英等能滋養胸部。康復里和牛膝草對肺有益處。（清痰茶的配方：一份薄荷、一份康復里、兩份牛膝草）。

　　腹部（胃、肝、腎和排泄系統）：果實、種子和花，如葡萄、蘋果、檸檬、橘子、紅椒、米、小麥和所有穀類、核果等果實；種子如芝麻；

滋養腹部的食物

肝

胃

　花，如甘菊花等，都能滋養腹部。

　　胃的良藥：荳蔻、紅椒、咖哩（小茴香、胡荽、黃薑）、大茴香、葫蘆巴豆、榆白皮、大麥芽、稻米芽。

　　肝的良藥：枸杞、西洋蓍草（yarrow）、甘菊、苦苣菜（milk thistle）、蘆薈、蒲葉的根和花。

　　腎的良藥：西瓜子、西瓜、玉米鬚、補腎湯（同等分的黑豆、黑棗、花生、冬瓜皮和黑糖）、大麥湯、木賊草、西洋香菜葉和根。

脾的良藥：葫蘆巴豆（也是降血糖的良藥）。

女性荷爾蒙的平衡：貞潔果（chaste berries）、當歸。

血液循環的良藥：山楂、牛蒡、當歸、黑

醋栗（black currant）、枸杞。

腎上腺良藥：甘草、琉璃苣（borage）、維他命C。

淋巴系的良藥：一份茴香、一份甘草、一份葫蘆巴豆、兩份薄荷、兩份亞麻仁子茶配方。四茶匙加入四杯滾水，泡好過濾。

補氣（陽）良藥：西洋參、松葉、紅玫瑰花瓣、鼠尾草（sage）、迷迭香、黨參、黃芪、人參、當歸（女性人參）。

補津液（陰）良藥：康復里、榆白皮、天門冬（蘆筍根）、麥門冬、

黑芝麻、女貞子、百合。

皮膚良藥：

燙傷：蘆薈、康復里、第三度燙傷用等分小麥胚芽油、蜂蜜、康復里的葉或根，新鮮或乾的粉。

割破：北美黃蓮粉、康復里、茶樹油（malaleuka）。

蟲咬：泥膏、蘇打粉膏。

膿包、青春痘：檸檬汁、乳酸菌液。

乾燥：JOJOBA油、橄欖油、椰子油。

清潔劑：麥片粉、黃豆粉、蘋果醋。

紅腫、疹子、風疹：繁縷（chickweed）、金盞花（calendula）、檸檬汁、酵素粉。

肺炎良藥：壓碎的大蒜加入椰子油，塗在擦上油的腳底，再穿上襪子睡一晚。

麥片粉、黃豆粉、蘋果醋是很好的清潔劑

三、住的健康

　　在選擇住家的外在環境，最理想的地方是遠離高速公路、高壓電線、高交流電線、農業區、高爾夫球場（農藥）、工業區和電視台、廣播台、大哥大的轉播站。有病的人可考慮去人

少、空氣好的地方短期居住，看病情有無改善，以便找出生病的各種因素。

室內則注意避免製造污染。一般室內污染來自於使用殺蟲劑、驅白螞蟻劑、芳香劑、樟腦

住家宜遠離高壓電線

丸、消毒劑、殺菌去霉劑、清潔劑、油漆、化纖
地毯、煤氣、電腦、電視、微波爐、手提電話、
電源等等。這些綜合性的化學電磁波污染，對兒
童的傷害尤其嚴重，最好預防，避免使用或減少

使用製造污染的東西。

　　家具儘量簡化，竹器、藤器既環保又少污染。

　　以下是自然替代品的建議

　　清潔劑：白醋、蘇打粉、鹽、檸檬汁，可取代一般的家庭清潔劑，白醋裡可放入檸檬皮、橙皮、橘子皮，浸泡一星期後取出皮。清洗浴室、地板、玻璃、廚房時，可放少許醋在水裡，有芳香、去污、防

蟲和螞蟻、消毒等作用。

　　油漆選用低毒性水溶性的油漆，房間通風一星期以上才住進去。地板最好是磁磚，再則木板、軟木，避免地毯。對瓦斯敏感的最好用電爐，用時儘量離遠一點，減少電磁波的干擾。

　　電器愈少愈好，集中在廚房或不常在的地方使用，臥房不要有任何電器，尤其是電視和電

　腦，睡覺時最好臥房的電源都切斷。

　　電器不使用時拔掉插頭，調整作息與太陽
作息，省電又養生。

　　寢具、被單選自然纖維的棉、毛等質料，
不要用化纖，睡眠會有改善。

四、健康的工作環境

　　工作環境所需注意的事項與住家一樣，也需注意因工作所產生的干擾。農業工作者要減少農藥的接觸和噴灑。工業界工作者需減少接觸工廠流程的污染。絕大部分的人在辦公室工作，直接或間接都會接觸到電腦，往往一個辦公室裡就

有多台電腦，電磁波和化學污染是加倍的。新電腦在使用的第一星期釋放出最多化學污染，最好放在通風沒有人的地方。再買新的電腦時最好採用平面螢幕（不是電視的螢幕），符合瑞典ＴＣＯ（註一）的標準。避免電腦對著其他同事，特別是電視螢幕式的。一般電視螢幕釋發八種電磁波，如：微波、Ｘ一光波、電磁波、靜電等等……如果

一般電視螢幕釋發八種電磁波

可能，將螢幕換成平面螢幕。

　　坐在電腦前面距離愈遠愈好，採光以自然陽光較好，如沒有窗戶，則可選最接近太陽光的電燈全光譜（full－spectrum）光。每三十分鐘

每三十分鐘讓眼睛休息，觀想黑色

讓眼睛休息，雙手擦熱，輕輕矇住閉上的眼睛，
觀想黑色，讓視神經完全休息。一天中出去見幾
次陽光，閉上眼睛，面對太陽幾分鐘。辦公室如
有空調設備，也要注意空氣品質，如有需要，安
放空氣清淨器。

What is TCO ?

（註一）「瑞典專業聘員聯盟」TCO由瑞典各行各業具有專業能力的白領聘員組成，底下聯合十八個主要的職業團體，成員含括工程師、祕書、教師等各行業人士，約計有一百三十萬人。該組織主要工作之一即為制訂嚴苛的環保及人體工學標準，以確保成員享有良好安全的工作環境。由於電腦周邊產品在辦公室與家庭領域已不可或缺，該組織發布的嚴苛認證標準，也成為消費者在採購周邊產品時一項相當重要的指標，在特別重視環保及安全的歐洲，更是視TCO認證為選購條件之一。

　　人體的「氣」或能量，受外在環境的能量
影響，包括穿在身上和用在身上的。穿在身上的
最好是用自然纖維做的，如棉、麻、毛等並能水
洗的，一般乾洗店所用的化學溶劑有毒，除非是
用蒸氣乾洗。

化學纖維料子會降低人體能量

「能量」

穿有機棉製成的衣服一則環保，一則可以提高人體能量

　　化學纖維料子雖穿來亮麗、清洗簡便，但會降低我們的能量，對敏感的人尤其會造成情緒低落。盡量找尋有機棉製作的衣服，不僅環保，

也可以提高本身能量。目前內衣、內褲用有機棉的產品已經較容易買到了。

玻璃絲襪是化纖做的，穿上會降低人體能

量，容易疲倦。

　　皮膚是身體最大的器官，任何擦在皮膚上的東西都會吸進體內，因此必須特別小心，避免香水、化學化粧品和肥皂、染髮劑、化學洗髮劑。清潔可用麥片粉、黃豆粉、海帶粉一至兩茶匙調水，擦在臉上、身上，再用水清洗。也可用來洗頭，最後加點醋在水中沖洗。

六、陽光、空氣、水、大自然

　　陽光是生命之源，滋補氣體，也是維他命 D 形成的必備條件，對免疫功能有直接的幫助。

　　早上十點以前三點之後的太陽，最適合曬

五到十分鐘，經常用電腦的人，甚至於可著泳裝曬五分鐘，有意想不到的益處。因為臭氧層的破壞，也要避免紫外線的曬傷，中午時尤其要小心，最好是戴帽子或打陽傘。

　　住在陰天多的地方，可以考慮買個全光譜的電燈（與室內種植物所用的燈光相似）。

空氣

　　新鮮空氣中不僅有氧氣，也有生命之氣，是現代生活中的珍品，

而且也是健康的必備條件。樹木和海洋中的植物是地球上氧氣的來源，無奈地球上的森林已在近世紀失去一半以上，海洋內的生命也大大減少，

愛護地球,
種樹,不要砍樹!

以至造成二氧化碳普遍增高、氧氣減少。定時到森林裡步行是養生的重點。室內避免使用化學藥劑，如殺蟲劑、消毒劑、漂白劑、芳香劑等。

每一個人也要盡力保護仍存在的森林，並找機會種樹。

水

人體內水占九成以上，因此飲用乾淨的水和足夠的水是很重要的。逆滲透過濾器是先進有效的淨化水的過程。要想補充微量礦物質，可在水瓶中放一兩粒乾淨的石頭，或是有機橘子皮、檸檬皮。

一天的飲水量最好是六到八杯，提供消化排泄所需的水分。

多喝水，
水多喝，
維持好，
健康好！

檸檬皮

一天的飲水量最好是六到八杯

　　喝水的方法最好小口喝。早晨醒來可將一杯溫水分三百口喝下，此方法有治病療效。也可將一顆檸檬的汁調一杯溫水喝下，有清肝、清腎的作用。也可加少量檸檬汁，有化結石、清洗血管的功能。

大自然

　　大自然有淨化滋補的作用，每一個人要身心健康都需經常接近大自然。與太陽同步作息，

夜晚看星星，欣賞一朵花，聽流水聲，觀察生態
的互相影響，都是認識自己、認識大自然的方
法，是自己健康、地球生存的必然。

七、運　動

　　運動是維護健康必備的活動。農業社會的
生活有很多活動的機會，身體的消化排泄、血液
淋巴系統的運作，和骨骼、肌肉的健全功能都靠

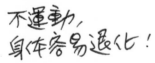

不運動，
身體容易退化！

運動。工業社會的生活有機器代勞，很少有活動機會，身體隨之而退化，慢性病就是退化病。

　　每一天最起碼能有二十分鐘的運動最好。走路是最輕鬆自然的運動，打球也可以。選擇空氣清新的環境。

　　一星期或一個月，上山去森林中步行，一

小時以上為佳。

　　運動後補充溫水，避免喝冰水。出汗是最佳的排毒管道，如體內有很多化學污染需要排除時，不但得補充水分還得補充油，如：冷壓橄欖油。

八、睡眠

　　睡眠是身心充電的時候。現代生活中有噪音、電磁波、化學污染，都是睡眠的干擾，加上生活不規律，一般人都嚴重地缺乏睡眠，以致於身心透支，精神疲倦，心情煩悶，甚至於生病。

要有好的睡眠要注意以下的事項：

　　1．晚餐不要吃過飽，最好離睡眠時間三小時以上。長期失眠的人，晚餐可試著減食。

2．睡前一兩小時做一些輕鬆愉快的事，避免費神的工作，也不要看電視，用電腦，打行動電話。

3．每天睡前有排除身體內靜電的機會，穿草鞋或布底鞋，在草地或碎石路上走十到二十分鐘。

4．睡房的布置簡單，不要有鏡子、電器、音響、電腦、電視等。燈關後房間應全暗。如果街燈太亮，可用厚布做窗簾。外面車聲吵雜則可用隔音設施如軟木板來改善。

九、人際關係

　　溫暖的人際關係是健康生活的一大資源。

　　建立健全的人際關係要從胎中開始。母親
如有溫暖的情感，對胎兒充滿了母愛和歡迎，則
孩子的一生已有很好的開始，往後也會有溫暖的

人際關係。母親懷胎期間如果生病或情緒低落、寂寞，對受孕懷胎有矛盾或排斥的情緒，則新生命未來可能就有困難的人際關係。

要能建立和睦的人際關係，必須先康復自

己的創傷，尤其是胎中和幼年時期的創傷。可用各疏導情緒的方法（參看情緒排毒部分）。

　　人與人相處要和睦溫暖必須建立在尊重、平等和友善的條件之下，無論是對待親友或陌生人都要一視同仁。我們每一天從每一個交往中得

到許多溫暖，自然會開心健康。同事、郵差、鄰居、商店的員工、顧客⋯⋯等，都是我們的朋友。

做父母的也要尊重孩子為一自主的靈性，不是父母所擁有的。從小得到尊重的孩子自然懂得尊重父母親和其他人。夫妻之間也要互相尊重，丈夫不擁有妻子，妻子也不擁有丈夫。真正的友情要在平等尊重的基礎上才能生根。上司對屬下尊重愛護，屬下也會對上司敬愛，這種工作上的關係才是真誠的，而非利害關係。

偶爾有誤會，可用天藍的光彩化解。在觀想對方的同時，從心口或兩眉之間送出天藍的光祝福對方。

Healthy

第三步。

開心自在

一、顏色的妙用

　　太陽光彩能開啓潛能，增加創造力、想像力，有調伏負面情感的作用，並能加強正面的情緒。

　　紅色：增加創業、自在和領導能力。

　　天藍色：加強慈悲、忍辱和無條件的愛心。

　　黃色：加強喜悅、組織能力。

　　綠色：增長康復、成長和福氣。

　　橘紅色：加強自信心、智慧和勇氣。

　　紫紅色：協助情緒康復，增加靈感和直覺感。

　　墨藍色：有保護作用，體會萬物為一體。

太陽光彩能調伏負面情緒，加強正面情緒

　　訓練顏色的觀想可從回憶開始。回憶日落
的橘紅，紅玫瑰的紅，藍天的藍，檸檬的黃，松
樹的綠等等。藉由水彩，礦石和觀看大自然，訓
練對顏色的敏感度。好比大自然的綠色，分辨不

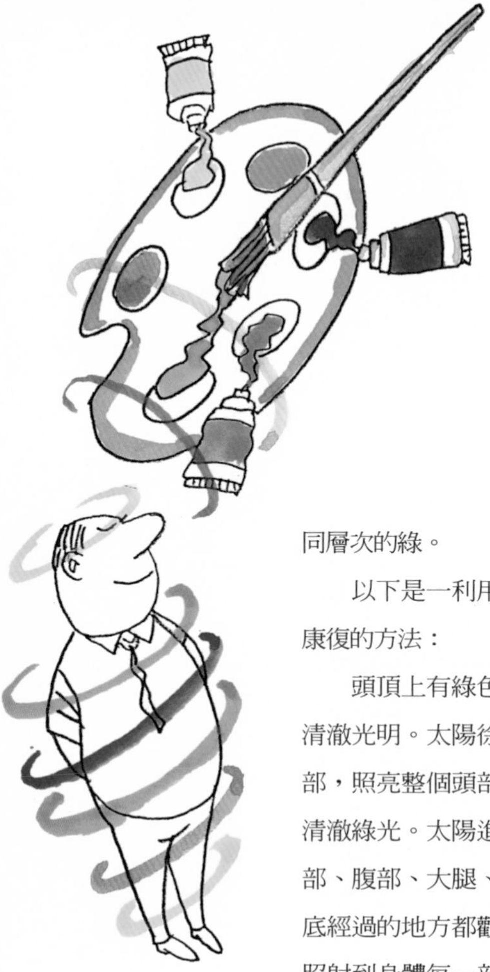

同層次的綠。

以下是一利用光彩自我康復的方法：

頭頂上有綠色的太陽，清澈光明。太陽徐徐進入頭部，照亮整個頭部，充滿了清澈綠光。太陽進入喉、胸部、腹部、大腿、小腿到腳底經過的地方都觀想綠色，照射到身體每一部分，太陽

再從腳返回頭部，讓每一個細胞都充滿了綠光。

同樣的觀想可用在其他的顏色上。

七彩的觀想

觀想自己在草原上，頭頂陽光普照，腳踏草地，眼前一個金字塔（平頂）。

七彩的觀想

走到塔底踏上第一台階，讓全身被紅光照著。踏上第二台階，讓全身被天藍光彩照著。踏上第三台階，讓全身被黃光照著。踏上第四台階，讓全身被綠光照著。踏上第五台階，讓全身被橘紅色的光彩照著。踏上第六台階，讓全身被紫紅色的光彩照著。踏上第七台階，讓全身被墨藍色照著。踏上最高層，充分吸取太陽光彩。

紅色可以給人勇氣

　　吸足之後再往下走，每一階梯吸取七彩：
墨藍、紫紅、橘紅、綠色、黃色、天藍色和紅
色。踏下金字塔，腳走在草地上，結束觀想。

日常生活中顏色的運用

　　天藍色能化解人際關係的困難，可在家裡
或辦公地方放個藍燈泡，想到對方從心口或前額

送天藍色的光。需要勇氣時，可穿戴橘紅色的衣
服或內衣。情緒低落時可多看黃色。

　　情緒不安或害怕時，可將自己用墨藍色的
光包住。

別沮喪，
多看看黃顏色

女友別戀，
被炒魷魚，
超速被罰

二、創造理想

我們內在的感受創造外在的環境和人生經歷，要創造美滿的人生，必須先從內心做起。如有心靈創傷也要設法康復，因為創痛會再製造，使人受到創傷的相類似經驗。

當我們內心是充實、歡喜、感恩有愛心和滿足時，外在的經歷會是正面的。相反的，怨恨、不滿、貪求、嫉妒的感受，就會創造許多不如意的人生經歷。

舉例來說，我們如果和父母親的關係不溫暖，在選擇婚姻伴侶時，會遇到與我們父親或母親

類型的人，重複相類似的關係。童年受創傷或驚嚇的人，也容易再次受驚嚇或創傷，一次車禍的人，往往容易再次車禍。

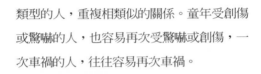

「禍不單行」這句話來自人生經驗，要創造理想，先從排除情緒創傷和污染做起，情緒排毒的各種方法都可試。

　　我們所想要的，必須先給。

　　知足感恩的人，自然一切不會匱乏，當我們覺得所需得不到時，要設法先付出，以自己的能力去幫助他人。感到寂寞的人，需先給自己愛；關懷他人，施與、慷慨來自富有的感受，在同時會創造「得到」的經歷。利益他人就是利益自己。

　　理想的人生來自內心富有，因為圓滿創造圓滿。

附錄

我的健康心得

雷久南

中國式的飲食

　　我出生在二次大戰後的台灣，那時大家普遍生活都很清苦，父親是台糖試驗所的工作人員，每到月底時就必須向朋友同事借錢。我是父母親的第一個孩子，父母從湖南來到台灣，遠離家人，身邊沒有老人家可以分享帶孩子的經驗，我是他們的實驗品。母親的奶水不足她自己並不知道，只是奇怪我吸奶要吸很久，吃不夠在哭也不明白為什麼。大概那時就決定了我清瘦的體質，據說

體形的胖瘦是幼年期決定的。

　　我小時候的飲食與一般中國人的吃法相同，大部分是蔬菜，少量的魚、肉和白米飯。媽媽也會做麵食，所以也常吃包子、饅頭、花捲等，但都是白麵粉做的。水果大部分來自家裡院子種的芒果樹和番石榴等，因為番茄較便宜，所以常吃番茄替代水果。家裡經濟情況不是很好，因此我們很少有零食吃，最多吃到台糖的健素糖（酵母片）或少量餅乾。

　　五歲那年，去美國進修的父親回來，鼓勵媽媽要多燒肉給孩子們吃，因為美國人吃肉多，個子高大。也要求我們喝牛奶，所以每天早餐就多一杯奶粉沖泡的牛奶，不喝還不行。我們住的是糖試所的宿舍，院子都是由公家管理照顧。記

得每星期都有人在房子四周噴灑白色的煙霧（殺蚊子用），現在回想肯定是D.D.T.。那時我身體常常不舒服，中醫看脈說我的肝不好，那段期間我很灰心，常常懷疑自己可能患了不治之症。

八歲那年，因父親的工作，舉家搬到美國密西根州兩年，我們像是來到了天堂。爸爸一有空就帶著我們到處玩，吃得更是盡興，有汽水、冰淇淋、巧克力、熱狗和雞腿等。偶爾還會帶我們去麥當勞吃漢堡和薯條，我們每天可看一小時的電視，星期六早上還可以看一早上的卡通片。不到半年，我以前偶爾發作的風疹開始常常發作，到第二年更嚴重，去皮膚過敏科看病，得知我是敏感性的體質，對牛奶、花生、花粉及灰塵都敏感，我雖避開這些東西，但風疹依舊。回到

台灣又恢復中國式飲食，每天有新鮮的蔬菜、少量的肉，很少吃糖果，一年才吃幾次的冰淇淋和汽水，沒有電視可看。過了半年，我的風疹就自然好了。

那年初二，我們又因父親再次進修，全家搬到美國密西根州，這回家中經濟比較緊，我們沒有那麼多巧克力糖可以吃，但其他像美國冰淇淋、雞腿、冷凍蔬菜還是常吃，中餐的便當經常是白麵包夾一片lunch meat（加工做的肉片），雖然味道並不怎麼好吃，但入境隨俗，也就跟著美國人吃。不到半年的時間，我的風疹又開始發作，這次醫生開了藥，雖可控制風疹，但藥的副作用使我昏沈，課堂上都得勉強睜著眼睛。高中二年級時全家又搬到夏威夷，我的風疹依舊，看

了當地的一位華僑醫師，每月打針，持續兩年之久。

改吃素食

一九六九年我進入夏威夷大學，有位同學和我分享由渥克醫生寫的書，書中提到哪些食物吃了身體會感覺特別好。這本書開啟了我走向身心靈整體健康的第一步，也改變了我依賴打針和藥物來控制風疹的生活。

渥克醫生在《新鮮蔬菜汁》中說：我們的身體需要沒有加熱的自然有機礦物質，很多疾病就是因為缺少有機礦物質才引起的，而這些有機礦物質的最佳來源就是新鮮的蔬菜汁。他也說明加工食品和肉類對身體的壞處，同時教導讀者如

何運用各種蔬菜做沙拉。他建議菜切得細細的比較容易消化。吃傳統中國飲食長大的我很少吃生的菜，幾乎都是吃煮熟的菜，看了這本書我才恍然大悟，原來我的病與「吃」有關。那年的耶誕節，我決定從此吃素。

母親仍舊煮她的拿手好菜，但我自己準備一些切得細細的菜做沙拉，有紅蘿蔔、芹菜、包心菜，也說服媽媽煮糙米飯和買了壓紅蘿蔔汁的機器，一家八口一星期吃掉五十磅的紅蘿蔔。頭三個月看著一桌好菜，有魚有肉，雖然還是有點

想吃，但我堅持新學到的吃法，先吃生菜，再吃熟菜和糙米飯。另外每星期吃一磅的核果類（如杏仁），我不但不吃葷，同時停止吃冰淇淋和薯條、糖果、糕餅類，也不再喝汽水。過了三個月再看到魚肉，不但不想吃，還覺得腥臭難聞。

改吃天然素食後我就不再去醫師那裡打針，雖然他警告我風疹會復發，但那已是三十年前的事了，之後我再也沒有發作過。

改變飲食後，我發現以往一星期一次的頭痛也不藥而癒了，身心有說不出的輕鬆，煩惱比較少，事情也看得較開。母親看到我的轉變，在半年之內完全改變了全家的飲食。最小的妹妹那時才五歲，其他的是九歲、十二歲、十六歲和十七歲，全家人的身體都有明顯改善，冬天流行感

冒時也不會被感染。初期父母親和我體重都減輕，一年之後恢復正常，母親原本有點胖，之後則比以前苗條。

由「吃」開始，我邁出身心靈整體健康的第一步，三十年來我的飲食一直遵守著幾個原則：

一、以五穀、蔬果、種子、核果、豆類及海帶類為主。

二、避免加工食品，以自然為要。

三、儘量吃當地產的食物。

　　四、憑自己身體的反應去選擇適合自己體質的食物。

　　五、不餓不吃，不一定每餐吃。

　　六、如果可能，買有機農耕種植的蔬菜。

　　住夏威夷初期，當地四季如春，我的飲食百分之七十到九十是生食，以木瓜、新鮮紅蘿蔔汁為早餐，中餐是沙拉、全麥麵包，晚餐是清蒸的蔬菜和糙米飯。後來讀研究院期間，住在四季分明的波士頓，冬天下雪，我的飲食也多了一些煮熟的食物，也許只有百分之五十是生食，早餐改成麥片粥或烤麵包；在休士頓的十年也是生熟兼半的吃。三十年來我旅遊三大洲，十幾個國家，吃從來不成問題，反而因為懂得吃，而不像

一般人有腸胃上的毛病。在印度居住的三年，其他遊客的毛病很多，我反而胖了二十磅。

近十年來，我愈來愈覺得世界各地面臨嚴重的「吃」的問題，能滋養身體的食物愈來愈難取得。市面上的「垃圾食品」極多，含有各種農藥殘毒、色素、人工香料、防腐劑和其他添加物，因營養不良所引起的新病也層出不窮；更可怕的是造成心態的不平衡，引起許多社會及家庭問題，推動自然農耕和自然食物是目前非常迫切需要的。

Readers Club

BOOKZONE會員獨享的「Readers Club」，除了享有專屬的價格與服務外，且每次購書消費時更可獲得5%的回饋積點；並享有優先參加天下文化及遠見雜誌所主辦的各式活動，**絕對獨享！**

Readers Family

BOOKZONE有獨特友善的「Readers Family」，會員可以運用友善方便的網站功能，邀請好友一起加入「Readers Club」，快樂建立您自己的「Readers Family」。您朋友的購書消費將回饋3%積點給您，**絕對友善！**

回饋積點

BOOKZONE提供讀者一項價值非常高的「回饋積點」，所有的積點在BOOKZONE中無論多寡，可隨時抵扣購書消費金額，沒有門檻、沒有上限，相當新台幣值，**絕對超值！**

豐富的「知識交流」

BOOKZONE提供讀者書摘、導讀、專家書評、作家資料、遠見雜誌......等精彩豐富資訊外，讀者可輕易對照每一本翻譯書的英文資訊，查照國外書評資料，讓閱讀無國界，知識有交流，**絕對優質！**

加入 Readers Club 的 絕 對 理 由

BOOKZONE提供天下文化全系列叢書資訊：

新書訊息、精彩書摘、導讀書評、講座活動、

WWW.BOOKzone.com.tw

專輯頻道、社群討論機制，

讓優質精緻的內容，豐富您的閱讀世界。

開闊互動的「新空間」

BOOKZONE讓閱讀不再孤獨，我們為每一本書安排了完善的討論區機制，讓您閱讀之後，可以發表評語，與同好交換心得；此外，更製作許多講座專題、專輯頻道，讓您收穫更多，**絕對開闊！**

優惠超值的「購書折扣」

BOOKZONE為回饋廣大的讀者，將持續提供最優惠的購書價格，讓閱讀無負擔，購書無障礙，**絕對輕鬆！**

貼心的「個人化服務」

BOOKZONE提供您專屬的服務，我們會針對您的閱讀習慣，送上專屬的電子報，並在您每次光臨BOOKZONE時，準備專屬您的新書資訊，**絕對貼心！**

快速安全的「購書環境」

BOOKZONE提供安全的SSL購書機制、方便友善的使用界面、確實快速的全球遞送服務，讓您安全購書，即時擁有，**絕對快速！**

國家圖書館出版品預行編目資料

雷久南健康隨身書／雷久南著;詹漢能繪--
第一版. --臺北市：天下遠見，2001〔民90〕
　　面；公分. -- （BOX系列；BOX010）

ISBN 957-621-948-5（平裝）

1.健康法—漫畫與卡通

411.1　　　　　　　　　　　　　　　　90020739

訂購辦法：

⊙ **網路訂購**

歡迎全球讀者上網訂購，最快速、方便、安全的選擇。
天下文化書坊 http://www.bookzone.com.tw

⊙ **請至鄰近各大書局選購**

⊙ **團體訂購**，另享優惠。請洽讀者服務專線：（02）2662-0012
單次訂購超過新台幣1萬元，台北市享有專人送書服務。

⊙ **信用卡傳真或郵遞訂購**

可直接傳真：（02）2662-0007　2662-0009
或與本公司讀者服務部聯絡：（02）2662-0012
或直接郵寄：台北市松江路93巷1號2樓
傳真和郵寄請勿重複動作，以免重複訂購

⊙ **郵撥訂購**

請利用郵政劃撥、現金袋、匯票或即期支票訂購
劃撥帳號：1326703-6
戶名／支票抬頭：天下遠見出版股份有限公司

⊙ **海外讀者服務專線**

電話：886-2-2662-0012
傳真：886-2-2662-0007；886-2-2662-0009

BOX010

雷久南健康隨身書

著　　者／雷久南
封面暨內頁繪圖者／詹漢能
系列主編／項秋萍
責任編輯／李麗玲
封面暨內頁設計／葉雯娟（特約）
美術編輯／葉雯娟（特約）

社　　長／高希均
發行人／副社長／王力行
主編召集人／林榮崧
版權部經理／張茂芸
法律顧問／理律法律事務所陳長文律師、太穎國際法律事務所謝穎青律師
出 版 者／天下遠見出版股份有限公司
社　　址／台北市104松江路93巷1號2樓
讀者服務專線／(02) 2662-0012
傳　　真／(02) 2662-0007、(02) 2662-0009
電子信箱／cwpc@cwgv.com.tw
直接郵撥帳號1326703-6號　　天下遠見出版股份有限公司

製 版 廠／凱立國際印刷股份有限公司
印 刷 廠／仲一彩色印刷股份有限公司
裝 訂 廠／政春實業有限公司
登 記 證／局版台業字第2517號
總 經 銷／大和圖書書報股份有限公司　電話(02) 2981-8089
著作權所有　侵害必究
出版日期2001年12月25日第一版
　　　　　2002年6月30日第一版第6次印行

定價220元
ISBN: 957-621-948-5
書號：BOX010

OOK
zone 天下文化書坊　http://www.bookzone.com.tw

天下文化　豐富閱讀世界